에게

주후 년 월 일

겨자씨

마구간에서 태어나신 아기 예수

어느 날, 마리아 앞에 천사가 나타나 말했어요.
"마리아, 당신은 아기를 낳을 거예요. 그는 하나님의 아들이랍니다."
마리아가 대답했지요. "예, 하나님 말씀에 따르겠어요."

요셉에게도 천사가 나타나 아기에 대해 말해 주었어요.
"마리아가 낳을 아기는 하나님의 아들이에요."
요셉은 천사의 말을 듣고 아기를 가진 마리아와 결혼했지요.
몇 달 뒤 모든 사람은 고향에 가서 인구 조사를 받아야 했어요.
요셉과 마리아는 베들레헴으로 떠났어요.

베들레헴에 도착하니 잠잘 방이 없었어요.
한 여관 주인이 그들에게 말했어요.
"우리 집 마구간에서라도 쉬세요."
그날 밤, 소와 나귀가 지켜보는 가운데 아기 예수님이 태어나셨어요.
마리아는 아기 예수님을 구유에 뉘었지요.

들에서 양을 치고 있는 목자들에게 천사가 나타나 말했어요.
"기쁜 소식이 있어요. 오늘 밤 구세주가 태어나셨답니다."
목자들은 천사가 가르쳐 준 곳으로 달려가 아기 예수님께 절했어요.
멀리 동방에서도 박사들이 별을 보고 찾아왔어요.
그들은 아기 예수님께 좋은 선물도 드렸어요.

제자들을 부르신 예수님

한 명, 두 명, 세 명…, 열두 명!
예수님이 열두 명을 제자로 부르고 말씀하셨어요.
"나를 따르라. 내가 너희를 사람 낚는 어부가 되게 하겠다."

병을 고쳐 주신 예수님

예수님이 가시는 곳마다 많은 사람이 찾아왔어요.
예수님은 하나님 말씀을 가르쳐 주시고
또 병든 사람들을 고쳐 주셨거든요.

아주 큰 병에 걸린 불쌍한 사람이 있었어요.
그 사람도 예수님을 만나 병을 고치고 싶었어요.
하지만 혼자 걸을 수가 없었어요.
친구들이 그를 들것에 뉘어 예수님이 계신 집으로 데려갔어요.
그러나 사람들이 많아 들어갈 수가 없었지요.

친구들이 좋은 생각을 했어요.
친구들은 지붕으로 올라가 지붕을 뚫고 병든 친구를 달아 내렸어요.
병든 사람을 보고 예수님이 말씀하셨어요.
"일어나 집으로 돌아가거라. 네 병이 다 나았다."
예수님 말씀을 듣고 병든 사람이 벌떡 일어나 혼자서 걸어나갔어요.

눈을 뜬 바디매오

앞을 보지 못하는 거지 바디매오는 늘 길가에 앉아 있었어요.
어느 날, 예수님이 지나가신다는 말을 들은 바디매오가 소리쳤어요.
"예수님, 저를 불쌍히 여겨 주세요."

예수님이 물으셨어요.
"내가 네게 무엇을 해 주기를 원하느냐?"
바디매오가 큰 소리로 대답했지요.
"눈을 뜨게 해 주세요."
예수님은 바디매오의 눈을 뜨게 해 주셨답니다.

풍랑을 잠재우신 예수님

예수님이 제자들과 함께 배를 타고 계셨어요.
예수님은 누워 주무시고 계셨지요.
배가 바다 한가운데 이르렀을 때 갑자기 큰 풍랑이 일었어요.

큰 파도가 덮쳐와 배가 뒤집힐 것 같았어요.
무서운 마음에 제자들이 예수님을 깨우며 소리쳤어요.
"예수님, 무서워요. 우리를 살려 주세요."
예수님이 일어나 폭풍을 꾸짖으셨어요.
"바다야, 잔잔하라! 바람아, 고요해져라!"

그러자 바다가 잠잠해졌어요.
이번엔 예수님이 제자들에게 말씀하셨어요.
"내가 너희와 함께 있는데, 왜 무서워하느냐?"
제자들은 노를 힘차게 저어 앞으로 나갔어요.
이제는 폭풍이 와도 무섭지 않아요. 예수님이 같이 계시니까요.

착한 이웃

어떤 유대 사람이 혼자 산길을 가다가 그만 강도를 만났어요.
강도는 그 사람을 마구 때리고 돈을 빼앗아 도망갔어요.
불쌍한 사람은 길가에 쓰러져 있었지요.

그 때 한 사람이 다가왔어요.
"강도를 만났구나! 어이쿠 무서워라. 빨리 가자."
그는 강도 만난 사람을 못 본 척 지나갔어요.
조금 뒤 또 한 사람이 다가왔어요.
그도 강도 만난 사람을 도와주지 않고 그냥 지나갔어요.

아래 위 그림에서 어느 곳이 다른지 잘 찾아보세요.

이번엔 유대 사람이 몹시 싫어하는 사마리아 사람이
나귀를 타고 다가왔어요.
"강도를 만났구나. 불쌍해라, 내가 도와줘야겠다."
그는 얼른 나귀에서 내려 강도 만난 사람의 상처를 싸매 주었어요.
그러고는 그 사람을 나귀에 태워 마을로 데려가 돌봐주었지요.

사마리아 사람은 어느 집으로 가고 있을까요?

잃어버린 한 마리 양

백 마리 양이 들에서 풀을 뜯고 있었어요.
"한 마리, 두 마리, 세 마리…, 아흔마홉 마리!"
어! 한 마리가 안 보이네요.

양을 치던 목자는 잃어버린 양 한 마리를 찾아 나섰어요.
목자는 온 들판과 산을 헤맸지요.
드디어 덤불 속에 갇혀 꼼짝 못 하고 있는 양을 찾아냈어요.
양을 찾은 목자는 집에 돌아와 잔치를 열었어요.
천국에서도 한 사람이 하나님께 돌아오면 큰 잔치가 열린답니다.

아래 위 그림에서 다른 10곳을 찾아보세요.

좋은 밭에 뿌린 씨앗

좋은 열매를 맺으려면 좋은 땅에 씨를 뿌려야 해요.
그래야 삼십 배, 육십 배, 백 배의 열매를 맺을 수 있어요.
길가, 가시밭, 돌밭에 씨를 뿌리면 열매를 맺지 못해요.

예수님이 말씀하셨어요.
“하나님의 말씀은 씨앗과 같다. 모든 사람의 마음에 떨어지지만
마음이 좋은 밭과 같은 사람만 많은 열매를 맺는단다.”
하나님을 사랑하고 하나님 말씀대로 살기 원하는 마음이
좋은 열매를 많이 맺을 수 있는 좋은 마음이랍니다.

가장 큰 계명

예수님이 말씀하셨어요.
"온 마음을 다하여 하나님을 사랑하라.
그리고 이웃을 네 몸과 같이 사랑하여라."

점선을 따라
하트를 그리고,
그 안에 가장 사랑하는
사람을 그리세요.
사진을 붙여도 돼요.

반석 위에 지은 집

모래 위에 집을 지으면 비바람이 칠 때 금방 무너져요.
예수님 말씀대로 사는 사람은 반석 위에 집을 지은 사람 같아요.
어려운 일을 당해도 쉽게 넘어지지 않지요.

빛과 소금처럼

예수님이 말씀하셨어요. "너희는 세상의 빛과 소금이다."
우리 모두는 빛과 소금처럼 세상에 꼭 필요한 사람이 되어야 해요.

세상에 꼭
필요한 사람인
내 얼굴을 그리세요.
사진을 붙여도
좋아요.